Carlos Afonso Schmitt

O IMPLACÁVEL PODER DE SUAS ESCOLHAS

VOCÊ AS FAZ E ELAS FAZEM VOCÊ

Dados Internacionais de Catalogação na Publicação (CIP)

(Câmara Brasileira do Livro, SP, Brasil)

Schmitt, Carlos Afonso
    O implacável poder de suas escolhas : você as faz e elas fazem você /
Carlos Afonso Schmitt. -- São Paulo : Paulinas, 2020.
    88 p. (Céu na terra)

    Bibliografia
    ISBN 978-85-356-4589-7

    1. Autoajuda 2. Desenvolvimento humano 3. Consciência 4. Otimismo
5. Relacionamentos interpessoais I. Título

19-2437   CDD 158.1

Índice para catálogo sistemático:

1. Autoajuda : Escolhas   158.1

1ª edição – 2020

Direção-geral:	*Flávia Reginatto*
Editora responsável:	*Andréia Schweitzer*
Copidesque:	*Mônica Elaine G. S. da Costa*
Coordenação de revisão:	*Marina Mendonça*
Revisão:	*Sandra Sinzato*
Gerente de produção:	*Felício Calegaro Neto*
Diagramação:	*Jéssica Diniz Souza*

Nenhuma parte desta obra poderá ser reproduzida ou transmitida
por qualquer forma e/ou quaisquer meios (eletrônico ou mecânico,
incluindo fotocópia e gravação) ou arquivada em qualquer sistema ou
banco de dados sem permissão escrita da Editora. Direitos reservados.

Paulinas

Rua Dona Inácia Uchoa, 62
04110-020 – São Paulo – SP (Brasil)
Tel.: (11) 2125-3500
http://www.paulinas.com.br – editora@paulinas.com.br
Telemarketing e SAC: 0800-7010081

© Pia Sociedade Filhas de São Paulo – São Paulo, 2020

Sumário

Introdução 5

1. Força e paradoxo do livre-arbítrio.....................7

2. Ignorância *versus* consciência 11

3. Nós somos nossas escolhas...............................15

4. Responsabilidade ou vitimização?....................19

5. A lei de causa e efeito.....................................23

6. A lei da atração 27

7. Escolhas: profecias autorrealizáveis 31

8. É fácil culpar Deus 35

9. "Aqui se faz, aqui se paga" 39

10. Escolha ser otimista 43

11. Escolha ser saudável.....................................45

12. Escolha ser feliz...49

13. Mundo real *versus* mundo virtual..................53

14. Deus permite, não obriga...................57

15. Os medos que nos paralisam....................61

16. Força de vontade em persistir........................65

17. A vigilância da mente...........................69

18. Aprendendo a amar-se mais....................73

19. Escolhas e relacionamentos........................77

20. Crescendo sempre...........................81

21. Assim na terra como no céu........................85

Introdução

Assumir a responsabilidade por suas escolhas – conscientes ou inconscientes –, e suas inevitáveis consequências, é o primeiro passo para a verdadeira criação de quem você escolhe ser.

A consciência de *quem você é* e de *quem deseja tornar-se* é o início do caminho de transformação. Há muito que descobrir ou *relembrar*, no nível da alma, para percorrer com dignidade o caminho a que se propõe.

A evolução humana e espiritual que você pretende realizar como objetivo de sua vida depende diretamente de suas escolhas.

– Você *sabe* que as escolhas são suas, apesar de todos os condicionamentos que limitam seu livre-arbítrio.

– Você *experimenta* os resultados dessas escolhas e pode a qualquer momento modificá-los, caso não satisfaçam mais os objetivos propostos e os valores que correspondam a quem deseja ser.

– Você *compreende* que Deus permite que tome suas próprias decisões sem interferir em nada. Caso contrário, tirar-lhe-ia a liberdade que lhe deu para direcionar seus passos no rumo escolhido.

Dessa forma, você vive a sabedoria de responsabilizar-se por sua vida, com a firme clareza de quem, em seu coração, "sabe" que a colheita segue inexoravelmente a semeadura. "Colhe-se o que se planta", na qualidade e na medida da semente jogada em solo pedregoso ou em terra adubada e fértil.

É disso que as reflexões aqui expostas tratam.

E é de máxima importância – e até diria urgência – que se faça uma nova interpretação e consequente postura diante dos descaminhos a que muitos de nós estamos submetendo nossa jornada terrena. Não há tempo a perder com escolhas fúteis e vazias que tentem superficialmente preencher nossa busca de felicidade e realização humana e espiritual.

E *você* é nosso convidado para realizar a experiência de saber-se, cada vez mais, o *criador* de seus resultados, sejam quais forem.

A escolha agora é sua.

Seja feliz em suas novas opções!

1. Força e paradoxo do livre-arbítrio

Partimos do pressuposto de que o livre-arbítrio existe, mesmo com todas as limitações e paradoxos que ele encerra.

É desejo de Deus que sejamos livres em nossas decisões e escolhas, porque o verdadeiro amor não pode ser imposto.

É da essência do amor "amar livremente". Sendo seus filhos, Deus nos quer criadores de nossas experiências humanas e não meros cumpridores de ordens preestabelecidas.

Já no Antigo Testamento, Deus foi muito claro com seu povo ao propor-lhe a *liberdade de escolha* entre o bem e o mal:

> Cito hoje o céu e a terra como testemunhas contra vós, de que vos propus a vida e a morte, a bênção e a maldição. Escolhe, pois, a vida, para que vivas, tu e teus descendentes, amando ao Senhor teu Deus (Dt 30,19-20a).

Nossa vida segue nossas escolhas. Os resultados são lógicos e implacáveis, de acordo com as leis que o Criador colocou no universo. Nossas experiências não são castigos de Deus: são fruto de nossas opções.

A força do livre-arbítrio manifesta-se em todos os momentos da vida. Quem somos, é quem nos fizemos. Quem seremos, é quem escolhermos ser.

Essa é a grande verdade que a maioria das pessoas conhece, mas ignora. E, ao ignorá-la, culpa a "má sorte", o "destino adverso" ou até mesmo Deus por estar punindo seus atos com doenças ou fracassos merecidos.

Os paradoxos em relação ao livre-arbítrio multiplicam-se à medida dos questionamentos que diariamente nos fazemos.

— Até que ponto somos *realmente livres* diante de tantos condicionamentos que ao longo da vida nos impuseram?

— *Determinismos genéticos* — e, em escala maior ainda, os *psicogenéticos* — nos predispõem para sermos, em grande parte, quem somos. Programados para ter ou não saúde, fracasso ou sucesso na vida, como genes determinantes acompanhando-nos desde o útero materno.

— *Determinismos ambientais*, incluindo neles o fato de termos nascido e crescido em grandes cidades ou em favelas, na zona rural ou em áridos sertões, filhos abastados ou pobres sobreviventes de uma vida dura e sofrida. Nossos pais, avós e familiares, com suas crenças e costumes ancestrais, nos condicionaram a sermos quem somos. E nada mais.

— *Determinismos culturais*, com acesso ou não à educação básica ou ensino superior, cultivo de valores sociais que facilitassem uma vida mais digna de ser vivida ou meramente suportada.

— *Determinismos religiosos*, com toda uma carga de crenças, muitas vezes limitantes. Aprendizado de medos que nos inibem ou paralisam, com uma visão nada amiga de um Deus punitivo que é preciso temer, em vez de amá-lo.

E você se pergunta comigo: como tudo isso nos limita ou até mesmo nos impede de fazer escolhas livres?

Eis o paradoxo que diariamente enfrentamos e com o qual convivemos ao longo da vida. À primeira vista, um livre-arbítrio extremamente prejudicado, tolhido em muitas de suas opções. Mesmo assim, continuando a ser "livre-arbítrio".

2. Ignorância *versus* consciência

Entramos agora num ponto crucial que é preciso entender. Se em tudo fazemos escolhas, é verdade que a grande maioria delas é inconsciente. Agimos "sem pensar", de forma automática, porque assim já estão registradas nossas costumeiras reações em nosso inconsciente.

A ignorância em relação às leis da mente e o pouco valor que lhes damos torna-nos não apenas desatentos às atitudes que tomamos como também *irresponsáveis* em relação às nossas escolhas. Vivemos pouco antenados aos nossos pensamentos diários, deixando-lhes assim um curso livre para impor-nos seus ditames. As palavras com as quais os expressamos demonstram claramente o descaso a que temos delas. E assim agimos de acordo com nossa desatenção, robotizados em crenças e programações negativas a que fomos induzidos.

Nossa ignorância em relação às leis do universo, no entanto, não nos inocenta de sofrermos as consequências de nossos atos. *A vida é uma escolha: sempre. E sempre será.* Sabendo ou não, você escolhe e cria seu futuro em tudo que, *hoje*, decide viver e experimentar.

É bom lembrar que "ignorar" pode ser sinônimo de "negar". Convém que eu não saiba ou – mesmo sabendo – "faça de conta" que não sei, porque isso, ao meu entender, é vantajoso. Acomodar-se à ignorância e à negação é a melhor maneira de viver alienado, protelando qualquer possibilidade de evolução.

Ao criar, porém, *consciência* de quem é e de quem deseja ser, você pode mudar suas reações automáticas, tornando-as "escolhas". Observe o que não o agrada na vida, os resultados pouco gratificantes que está alcançando, e analise o que está acontecendo com suas opções.

– A qualquer hora você pode decidir mudar. E a hora pode ser hoje, AGORA. Este é o único momento real de que dispõe. Não existe outro tempo. O "agora" é tudo.

– A consciência de sempre-há-novas-escolhas leva-o a reprogramar suas reações automáticas, condicionadas em seu inconsciente. É como criar *arquivos novos* em seu computador mental que, aos poucos, ocupem o lugar das antigas programações negativas, pouco ou nada condizentes com quem você pode ser em sua verdadeira grandeza humana e espiritual.

É como acordar de um sono alienante e ver o esplendor da aurora iluminando seus olhos embaçados, sem brilho nem encanto pela vida.

Finalmente você decide ser quem sempre poderia ter sido: um ser de luz, filho de Deus, nascido para criar experiências terrenas, gostosas e gratificantes, apesar das limitações em que sua alma se encontra para realizar sua missão, o *propósito* que a trouxe aqui.

Lembre-se: nós somos muito mais grandiosos do que podemos imaginar.

Somos de descendência divina, e isso nos torna dignos e meritórios em qualquer situação que vivamos.

O segredo é um só: *escolher sermos assim, dignos e meritórios.*

3. Nós somos nossas escolhas

A sabedoria popular conhece os resultados de seus provérbios. Em relação a nossas escolhas, ela é muito simples e clara: "Você colhe o que semeia". Não poderia ser diferente, apesar de, em nossa ignorância, estranharmos não ter a saúde ou o sucesso almejado, mesmo tendo semeado "sementes ruins em solo pedregoso".

Nossa vida segue nossas escolhas.

A flecha que o arqueiro dispara, inevitavelmente, percorre o destino traçado. Uma vez que o tiro foi disparado, você não consegue mais segurar a bala: inexoravelmente, ela segue o caminho previsto.

Assim é conosco: seguimos o "caminho traçado" por nossas crenças mais arraigadas, nossos pensamentos mais insistentes, nossas atitudes mais repetidas. Tornamo-nos, sem perceber, o que mais pensamos, mais imaginamos, mais tememos. É a lei natural da mente seguindo seu curso normal.

Cabe-nos escolher o rumo que mais nos agrade, criando os pensamentos correspondentes que nos levarão a ele. É a construção do nosso destino em pleno andamento: *a vida não para*. É totalmente impossível prendê-la ao nosso tempo. Ela é *sempre* imortal e eterna.

A qualidade de vida que experimentamos em nossa jornada terrena é literalmente consequência de nossas escolhas. Queiramos ou não, é assim. Conscientizar-se disso é nossa tristeza ou alegria, doença ou saúde, fracasso ou sucesso.

Escolhas: nós as fazemos, e elas nos fazem.

Contra a lógica não há lógica. Ela é assim e assim se cumpre. Resta-nos acordar e assumir a responsabilidade por tudo que criamos em nosso *passado*, que *hoje* continuamos a criar ou possamos criar no *futuro*.

Mais uma vez nos defrontamos com o "tempo"... Nossa vida é tudo isso: os "tempos" ao mesmo tempo. Aceitar o passado, viver o presente e planejar o futuro resumem-se em uma fórmula só: *viver o agora*, consciente e alegremente. Isso fará toda diferença na qualidade de nossa vida: *a vida que a cada momento criamos.*

Lembre-se: "A flecha que o guerreiro dispara..." – você pode escolher um rumo diferente para ela. Pode escolher não disparÃ-la. Os acontecimentos seguirão inevitavelmente as decisões tomadas.

A arma em sua mão é neutra. Enquanto você não mirar o alvo e disparar o gatilho, ela é inofensiva.

É a metáfora da vida. Se você não lhe der um sentido, ela não terá. O significado e a qualidade que você lhe imprime, é opção sua.

Como em tudo, mais uma vez a escolha é sua, unicamente sua.

4. Responsabilidade ou vitimização?

Os sentimentos mais comuns que acompanham os resultados de nossas escolhas podem, normalmente, traduzir-se em dois: *somos os criadores* de nossas experiências terrenas; ou *somos vítimas* de forças exteriores que nos subjugam ou impedem de ser felizes.

Quando você assume seus atos e suas inevitáveis consequências como escolhas próprias, a consciência de uma vida cada vez mais gratificante se apresenta diante de você. Sabendo que é você quem decide seus caminhos, e assim traça seu destino, sua vida adquire novo sentido perante Deus e as pessoas com quem partilha seus dias. Deus se torna seu companheiro de caminhada, assim como Jesus com os discípulos na estrada de Emaús (cf. Lc 24,13-35).

E quando você sente Jesus como seu parceiro, amigo e incentivador, os olhos do coração se abrem e você se reconhece cocriador dos planos que Deus lhe propõe. E seu espírito se alegra e vibra de amor: *tudo se torna luz.*

Ao contrário, sentimento de impotência diante da vida, gerando queixas e lamentações, negatividades e tristezas, o tornam *vítima* das situações que o afligem. São as invejas dos outros; o mal que lhe fizeram; as pragas que lhe rogaram; a sorte que nunca o contempla; o azar que sempre o persegue... uma ladainha infindável de desgraças que o abatem. Tudo é escuro, sem possibilidade nenhuma de vislumbrar dias melhores.

Triste espetáculo é sua vida! Mais triste ainda quando o desânimo e a falta de vontade de reagir o amarram em suas lamúrias e depressões. Quadro total de vitimização e sofrimento intenso. E tudo isso por quê?

– Por que, inconscientemente, você prefere que os outros tenham compaixão de sua desgraça?

– Por que este é um jeito fácil de chamar a atenção e receber o amor dos outros?

– Por que é mais cômodo eximir-se da responsabilidade de ser o criador de suas penúrias do que assumi-las conscientemente, transformando-as?

Nada melhor do que uma sincera análise de como estamos nos sentindo diante do que "nos acontece" para descobrir quem somos: reativos ou proativos, vítimas ou criadores. Para alguns não será fácil uma honesta introspecção, uma serena avaliação – sem subterfúgios nem justificativas superficiais –, de como estão suas atitudes. Não há, porém, outra alternativa: *sem conhecer-se, não há como mudar.*

E evoluir é preciso, visto termos sido condicionados pelas limitações que nos foram impostas pela família, pela sociedade ou pelas crenças religiosas que herdamos.

Tudo isso, é claro, dificulta para tomarmos decisões livres, quando em nada ou em muito pouco nos sentimos "realmente livres" para fazê-lo. Contudo, consciente ou inconscientemente, estamos sempre escolhendo. É impossível agir diferente.

Não escolher, é também escolher.

5. A lei de causa e efeito

Somos seres da terceira dimensão, vivendo no tempo e espaço relativos. A existência de polaridades – quente e frio, alto e baixo, certo e errado, bom e mau... – permite-nos adquirir conhecimentos comparativos e experiências mais concretas do que chamamos de "realidade". Criamos parâmetros que facilitam a intelecção das coisas, sem as quais não saberíamos, por exemplo, o que é a luz. É na ausência dela – na manifestação das trevas – que a experiência da luz se completa. Assim é em tudo. Para conhecer o que é "assim", precisamos conhecer o que "não é assim": seu oposto. Como tudo é relativo no planeta Terra, tornou-se necessária a criação dos opostos para facilitar nossa jornada. A "árvore do conhecimento do bem e do mal" (Gn 2,17) fazia parte do aprendizado evolutivo da humanidade. Vivendo apenas no "paraíso" seria impossível vivenciar experiências da "realidade total", que necessariamente inclui as trevas, o mal, o sofrimento e a morte.

Nessa linha de contextualização – na esfera do relativo em que vivemos –, enquadra-se *a lei de causa e efeito*. O "nada" nada produz. Não se exterioriza. Todo efeito carrega consigo uma causa. Sem ela, nenhum resultado se concretiza.

Nossas escolhas são as causas; seus resultados, os efeitos consequentes.

Entender profundamente o alcance dessa lei transforma nossas opções. De inconscientes, passam a ser conscientes, com todos os efeitos que inevitavelmente produzirão. Cada pensamento nosso, cada palavra, cada ação irá refletir quem somos e quem desejamos ser de hoje em diante. A lógica é incontestável: a semente contém a árvore, as folhas, as flores e os frutos, e nada se colhe a não ser o que corresponde à semente plantada.

Assim é com nossas escolhas: a que sementes elas correspondem? Que pensamentos as motivam? Que desejos estão embutidos nelas? Há um propósito a realizar, um objetivo a alcançar, uma virtude a adquirir?

Faz-se necessária permanente atenção às *causas*: os efeitos são meros reflexos. Não adianta criticá-los nem culpá-los por tudo. São a lógica dos acontecimentos. Há, sim, o que fazer. Se os efeitos não nos satisfazem em nossa busca de felicidade e realização humana e espiritual, *mudemos as causas*. Só assim poderemos alcançar melhores resultados e experiências mais satisfatórias. Nada do que for diferente irá dar-nos as respostas que desejamos.

Torna-se cada vez mais urgente a consciência de que, no mundo relativo em que vivemos, a lei é clara: *todo efeito corresponde a uma causa*.

Agora, mais uma vez, para criar resultados gratificantes e realizadores, *a escolha é nossa*.

E apenas nossa.

6. A lei da atração

O universo é uma gigantesca energia. "Tudo é energia", ensinava Einstein. Sabe-se hoje, comprovadamente, que a verdade é essa. Mais ainda: que a Suprema Energia, que tudo criou e tudo rege, é Deus.

Nós somos energia e somos todos UM, feitos da mesma e única energia que é a VIDA; em outros termos, DEUS. No mundo relativo em que vivemos, temos a ilusão de que estamos separados uns dos outros. E assim nos sentimos. Assim agimos. Essa, no entanto, não é a verdade última. No Reino do Absoluto – que é nossa origem e destino –, nada é separado. Todas as energias individualizadas como almas – raios da Grande Luz que é Deus – estão absolutamente interligadas, formando a *Unidade* do Todo.

Em nosso planeta Terra, para ajudar-nos em nossa jornada, Deus colocou leis que é preciso conhecer e utilizar para nosso bem. Uma delas é a *lei da atração*. Através dela sabemos que energias semelhantes se atraem. E como Deus nos dotou de uma mente analítica, é preciso refletir sobre alguns pontos muito importantes para o uso correto dessa lei.

– Você atrai para sua vida as pessoas e as circunstâncias de que mais necessita para evoluir. Conscientemente, talvez não se dê conta disso. Em nível de alma, porém, há um *propósito* que aqui viemos realizar, e o desejo da alma se concretiza pela atração de tudo e de todos que farão parte da execução desse plano de vida.

– Naquilo que mais você pensa, é isso que você atrai. Se o medo o fizer constantemente pensar no que você "não quer", porque o teme, é isso, no entanto, que atrai. Todo cuidado com nossos pensamentos é pouco! Eles são a origem de tudo: a primeira criação que atrai e materializa nossos desejos, sonhos e expectativas.

– Assim também é com o amor. Sem saber como e porquê, sentimo-nos, de repente, mutuamente atraídos pela mais fantástica e poderosa energia que existe: o *amor*. Vibramos na mesma frequência e nos sintonizamos na mesma energia pela busca da *unidade.* É o retorno ao "paraíso perdido", o desejo da alma de ser *um*, vivendo assim a mística experiência da fusão.

A lei da atração age automaticamente, quer você saiba ou não, quer você queira ou não. Torná-la positiva, a seu favor, é mais uma escolha sua. Em última análise, você escolhe o que quer atrair, escolhe os resultados que quer experimentar em sua vida. As consequências são lógicas e facilmente compreensíveis: seguem as escolhas feitas, consciente ou inconscientemente.

Decorre daí a importância de viver atento, decidindo deliberadamente o que escolher para fazer parte de suas experiências.

Suas escolhas criam suas atrações. Você está, constantemente, criando sua vida como ser espiritual e humano.

Seu estágio evolutivo define suas vivências futuras. Seus "resultados", de certa forma, são previsíveis. A não ser que o propósito da alma, neste particular, seja outro e a lei da atração produza resultados surpreendentes, são exatamente aqueles de que você mais precisa.

Pensemos nisso com carinho.

É a *vida* que nunca para.

Nós, que nunca paramos.

Afinal, somos vida, somos energia.

7. Escolhas:
profecias autorrealizáveis

Pense em profetas como mensageiros do universo. Enviados especiais de Deus, a missão deles é denunciar e anunciar. Como visionários, prenunciam o futuro com muita clareza. Suas palavras dirigem-se normalmente a pessoas bem específicas: autoridades religiosas, reis e imperadores. Reverberam seus abusos e desmandos, conclamando-os, junto com seu povo, à conversão.

Impõe-se uma profunda mudança de mentalidade para que a justiça e o amor reinem entre todos.

"Um coração de pedra" precisa ser transformado em "coração de carne" (Ez 11,19).

Escolhas também são profecias. Diferentes, porém, em seu alvo. Não se dirigem aos outros. Dirigem-se a nós mesmos. Cada escolha é uma profecia a respeito de resultados e experiências pessoais, imediatas ou futuras.

Cumprem-se inexoravelmente: são *autorrealizáveis*. Sem percebê-lo, você as faz a favor ou contra você. Consciente ou inconscientemente, no entanto, elas se realizam. Esse é o poder e o paradoxo delas: poder de derrubar ou elevar; paradoxo – por ignorar sua extraordinária eficácia – capaz de transformá-las em escolhas autodestrutivas. O que, convenhamos, você deliberadamente não deseja.

Por isso, mais uma vez, toda atenção é pouca: *monitorar constantemente seus pensamentos* torna-se uma urgente exigência.

– Viver antenado, qual sentinela alerta a todo e qualquer pensamento negativo, a medos e maus presságios que venham alimentar sua mente.

– Analisar – como profeta de si mesmo – as consequências que suas ações possam trazer, criando novas e positivas escolhas que assim beneficiem sua vida, em vez de prejudicá-la.

– Não existem acaso, meras coincidências ou destino "escrito nas estrelas". *Somos nós que, em parceria com Deus, tudo criamos.*

Nossas escolhas são nosso destino. As chamadas "coincidências" são atrações que nossas escolhas criam. "Acaso" é fruto nosso. Tudo está sob nossa determinação, guiados por Deus.

Visto sob este ângulo, não há vítimas. Há criadores e cocriadores com Deus. Ele nos quer livres, responsáveis e realizados. Não nos impõe nada. Permite-nos *escolher*.

Só assim o livre-arbítrio tem sentido. Ele é, sem dúvida, a maior dádiva que Deus nos deu. Está em nossas mãos aproveitá-la bem, valorizando as múltiplas e ricas oportunidades que a vida nos oferece diariamente. A cada momento construímos nosso futuro. Que ele seja, conscientemente, *promissor*.

8. É fácil culpar Deus

As crenças a respeito de Deus são as mais diversas. São bilhões. São tantas quanto o número de pessoas no planeta. Cada um tem seu próprio jeito de imaginá-lo, de relacionar-se com ele, de amá-lo ou temê-lo de acordo com os condicionamentos recebidos desde a infância.

– Quem é você em relação a Deus?

– Quem é Deus para você?

– Um Deus distante, punitivo, a quem devemos temer, todo-poderoso para julgar-nos e, se preciso for, punir-nos eternamente?

– Ou o Deus de Jesus Cristo: Pai bondoso, amigo, cheio de amor e misericórdia com cada um de nós, seus filhos?

De acordo com suas crenças e seu estágio evolutivo, Deus representa para você o Criador de tudo, onipresente, protetor, sua paz, sua luz, sua força, seu parceiro de peregrinação terrena.

De acordo com as mesmas crenças, é a vontade de Deus que tudo dirige, decide e opera neste mundo. Você é mero coadjuvante no teatro da vida, não o escritor e o próprio ator de sua peça. Se o livre-arbítrio não faz parte de suas crenças, escolhas ou fatalidades não passam de mesma coisa: *tudo* é "vontade de Deus". Se ele quis assim, nada a fazer...

Será? "Ele quis assim" se alguém se envenena lentamente, durante anos, fumando ou bebendo desordenadamente?... O câncer de pulmão foi "castigo de Deus", punição merecida, ou mera consequência de escolhas desastrosas do fumante, que sabia, inclusive, das substâncias cancerígenas que tragava?

É vontade – ou pior, "culpa de Deus" – morrer de cirrose hepática após anos de bebida alcoólica, ingerida diariamente? É "vontade de Deus" um acidente provocado por alguém em alta velocidade, embriagado e sem respeito algum às leis de trânsito?

Adão culpou Eva, que culpou a serpente, que... Histórias do Paraíso, necessidade neurótica do ser humano de livrar-se da culpa, porque ela será castigada? Tendência de inocentar-se, de fugir da

36

responsabilidade, com medo de Deus, severo juiz de todos os atos?

Cada escolha determina seu próprio julgamento. É *você*, portanto, que o realiza. Não é Deus quem vai sofrer as consequências, boas ou ruins, das opções feitas por você. As experiências são unicamente suas. Os resultados são efeitos que você construiu e apenas você responde por eles. Você escolhe e Deus *permite*.

Sim, amigo: ele permite que você tome as próprias decisões, que os acontecimentos sigam o curso natural e livre das escolhas feitas, tanto em nível individual como coletivo. Desastres ambientais não acontecem da noite para o dia. São anos ou séculos de desrespeito à natureza que os provocam. São desmatamentos sem controle; poluições de rios e de mares; agrotóxicos envenenando lavouras, sementes, pessoas e animais; ares poluídos que respiramos... culpa de quem? De Deus?

Você sabe que não. É a ganância humana, a cobiça pelo dinheiro, o forte contra o fraco... As causas são claras. Nem todos, porém, querem vê-las. Continuam a ignorá-las, principalmente a pequena minoria dominante que alega "não ser tão grave assim" e que "a situação está sob controle".

Tudo são escolhas.

Ainda é tempo de salvar o planeta.

A camada de ozônio tem que ser refeita.

É urgente, porém!

E nós, o que faremos?...

9. "Aqui se faz, aqui se paga"

Ditado popular muitíssimo conhecido, é usado, porém, como "faca de dois gumes". Há quem entenda que *você* "paga" por seus atos com a vida que leva – nem sempre tão boa e agradável como gostaria –, mas se conforma com a situação porque "é assim que as coisas funcionam aqui".

Nem sempre alguém se considera responsável pelas peripécias pelas quais está passando. São "os outros" que têm muita culpa de ele estar sofrendo assim. Sente-se indefeso diante do destino e nada faz para mudá-lo. Vive um triste conformismo, sabendo-se um pobre pecador e certamente é justo ter a vida que tem.

Outros ainda se valem do ditado para julgar o próximo ou até vingar-se de certa forma dele. "Bem feito para fulana! É fofoqueira e desbocada, não respeitando a honra de ninguém. Recebeu o troco merecido. Mais uma vez: bem feito!"

Vivemos no mundo do relativo. O absoluto faz parte da quarta dimensão, a espiritual. O relativo é governado por sábias leis que o Criador organizou. Falamos, há pouco, da "lei de causa e efeito". Assim, há inúmeras outras que ajudam a manter o universo em harmonia. A "lei da gravidade" se cumpre, quer você queira, quer não. Ela simplesmente é.

Usá-la a seu favor e para o bem dos outros; respeitá-la em suas devidas proporções; conhecê-la sempre melhor: eis como o sábio age.

Se bem interpretada, considero que a máxima "aqui se faz, aqui se paga" contém alto grau de sabedoria. Mais uma vez você se depara com a verdade de sempre: *suas escolhas são seus resultados*. "Aqui se paga" entendido como efeito natural de causas estabelecidas, isto é, de escolhas feitas, tudo bem! Quando o "aqui se paga" é entendido como "castigo de Deus" ou malfeito de outros, algo que "vem de fora" e a respeito do qual você nada pode fazer, considero-o incorreto. Os conceitos de *certo ou errado* são criações do mundo relativo, são subjetivos e regidos pelas crenças de cada um.

Punições não são consequências. São imposições de fora, como corretivo de atos contrários às crenças e aos valores de quem se outorga o direito de punir. Não levam a nada: aumentam ainda mais a violência e o desamor.

Consequências são resultados naturais. E você, em seu íntimo, vai senti-las. É colheita de sua semeadura e, enquanto não fizer novas escolhas, vai conviver com elas.

Pense comigo, leitor, e tire as próprias conclusões.

Posicione-se diante de crenças e valores e tome decisões pessoais e atitudes correspondentes. Isso é *escolha*.

E pode mudar sua vida. Se quiser... *agora*!

10. Escolha ser otimista

Num mundo tantas vezes descrente, falar em otimismo soa como alienação. Pessoalmente, creio que não. E diria mais: é exatamente este mundo descrente que precisa muito de otimismo, de um estado de espírito de quem vê a metade do copo cheio, em vez de vazio; de quem ainda acredita no bem e no amor; de quem valoriza o belo e se extasia com a pureza do olhar de uma criança.

– *Ser otimista é um estado de espírito.* É o jeito de viver de quem acredita em seus sonhos, nos sonhos dos outros, nos sonhos da humanidade que constrói mudanças.

– *Ser otimista é uma escolha.* É uma atitude de quem transforma seus sonhos em objetivos e os objetivos, em realidade. A partir de quem é, ele cria. Sabe que o "ser" tem precedência. O "fazer" é efeito natural desse estado psíquico. O "ter" é resultado dos dois anteriores. Na mentalidade capitalista, é o inverso. "Ter" para "fazer" para então "ser" rico, feliz, saudável...

Quem *é* otimista faz, e ao fazê-lo, tem. O pássaro canta porque é feliz ou torna-se feliz porque canta? Ambas as hipóteses podem ser verdadeiras. Pessoalmente – partindo da crença de que o "ser" tem precedência –, escolho a primeira: por ser feliz, o pássaro canta. Escolha, porém, *você* sua preferência. A opção é sua e em qualquer circunstância está sempre em suas mãos.

Se mais pessoas otimistas vivessem em cada família, em cada comunidade, em cada nação, inúmeros benefícios adviriam daí. As vantagens seriam muitas. É sempre preferível acreditar que a aurora virá, que o sol brilhará outra vez, que um novo dia está despontando... e, com ele, infindas possibilidades de amar, de fazer o bem, de tornar o mundo um pouco melhor. Um pouco que seja, terá valido a pena.

Você pode escolher ser otimista.

Criar novo estado de espírito.

Sentir que está fazendo uma ótima escolha.

Seus olhos verão claridades nunca vistas.

Seu coração viverá alegrias jamais experimentadas.

Aventure-se!

11. Escolha ser saudável

Quem sabe, ao ler o título acima, alguém dirá, contrariado: "É claro que eu quero ser saudável! Alguém duvida disso?"...

"Duvidar", eu não duvido. Sei que no fundo do seu coração todos querem ser saudáveis. É o estado natural do ser humano. A princípio, não nascemos para ser doentes.

Sem desmerecer a boa vontade de seus pais e familiares – incluindo as comadres e as vizinhas "bem--intencionadas" –, quantos aprendizados negativos tivemos a respeito de saúde e doença – muito mais de doença –, quando éramos crianças? Formamos, a partir disso, uma série de crenças e medos que nos dispuseram a ficar doentes.

– Não se molhe na chuva!

– Não ande de pés descalços no piso úmido!

– Cuidado que vai pegar uma gripe!

– Não coma isso, não misture com aquilo, vai lhe dar uma tremenda dor de barriga!

Pior, quando as mães – inconscientemente – "aguardam" a gripe chegar: "Por sorte minha filha *ainda* não se gripou... E a sua, já teve gripe?". E o medo de que fiquem doentes, atrai o que mais desejam evitar. Atrai porque o temem. Pensam, falam, advertem... sempre com medo que o mal aconteça. E a lei da atração produz seus resultados: crescemos preocupados com a doença, temendo-a tanto que a atraímos.

E a *saúde*, quem nos falou dela? Quem preferiu essa palavra em vez da outra? Quem nos motivou a sermos saudáveis em vez de apenas "evitar a doença", com medo dela?

Escolher ser saudável.

Este é o novo estado de espírito que nos compete criar.

Pensar saúde, falar saúde, desejar saúde, colocando o positivo como preferência em tudo que fazemos.

Dr. Edward Bach, famoso médico inglês, criador do mundialmente conhecido sistema de "Florais de Bach", insistia com seus pacientes e em palestras que ministrava que é preciso cultivar o "oposto" do que tememos. Se estamos doentes, é *saúde* que nos falta. "O que lhe falta?", perguntava ele às pessoas que o procuravam. "Descubra o que falta", dizia ele, "e tudo ficará bem de novo". Insistir na ideia da doença, com medo de adquiri-la ou de ela piorar, produz o resultado contrário ao que tanto você deseja: saúde. "Ao que se resiste, isso persiste."

No que mais pensamos, é o que materializamos.

Pergunte-se, amigo, que outras implicações há em *ser saudável*. Alimentar-se bem, com comidas organicamente produzidas; beber muita água e sucos naturais; exercitar-se com alongamentos e, sempre que possível, com exercícios físicos que mantenham seu corpo em forma e sua mente satisfeita.

Ser saudável traduz-se em fazer tudo que promova a saúde integral: corpo, mente e espírito. Os três com "sua água e seu pão", de acordo com o estado de cada um. Sem preferências por um em detrimento de outro. Os *três são você*: UM com a Totalidade, UM com Deus.

Assim você terá a alegria de viver o que tanto almeja; a saúde que tanto busca; a realização pela qual tanto anseia.

Seja feliz, sendo saudável.

12. Escolha ser feliz

Em nosso mundo relativo, a compreensão do que seja "céu" só é possível pela existência de sua ideia ou realidade oposta: o "inferno". Sem entrar no mérito estritamente religioso, céu e inferno, em primeiro lugar, são *estados de espírito*. No mundo absoluto – que é o mundo de Deus, de seus anjos e almas bem-aventuradas –, não há polaridades por não haver mundo relativo. Existe apenas o céu, que é Vida, Amor, Luz, Alegria... tudo que Deus é. Jesus nos falava desse reino e dizia que ele está "dentro de nós", dando-nos a entender que o próprio Deus mora em nosso coração (cf. Lc 17,21).

Felicidade tem a ver com céu. Criá-lo *aqui*, em nosso dia a dia, afasta qualquer possibilidade de inferno, mesmo que em suas crenças ele exista. É a luz que dilui as trevas. Se for suficientemente forte, elimina-as. Felicidade cria nossa luz interior, nosso "céu" que se inicia aqui. Tristezas, controvérsias, invejas, ciúmes, rivalidades, contendas... tudo é sinônimo de um "inferno" que criamos dentro de nós, em pensamentos, palavras e ações que implantam o desamor.

Ser feliz faz parte de nossas escolhas.

– Escolhemos acreditar que a vida é bela e que vale a pena ser vivida plenamente, com alegria e disposição, apesar de todos os contratempos.

– Escolhemos acreditar que *ser feliz* inicia-se ao acordarmos pela manhã, ao levantarmo-nos prontamente, ao iniciarmos um novo dia com vontade e fé, porque *a vida é uma eterna oportunidade.*

– Escolhemos acreditar que a vida é *hoje*, a cada momento do agora. Que este é o único tempo que nos pertence e no qual podemos ser felizes. Descartamos, assim, ficar presos ao passado, carregando mágoas, fracassos ou culpas que poderiam prostrar-nos em depressão. Evitamos a ansiedade exagerada com medo do futuro, sabendo que "passado e futuro" são meras construções mentais. O que existe e *unicamente existe* é o eterno *agora*. Só hoje, portanto, posso ser feliz. E é isso que escolho.

Sendo feliz, tenho tudo para ser otimista, saudável, próspero e bem-sucedido na vida. Meu sucesso é consequência de uma vida feliz. Ajo criando felicidade para os outros que, em retorno, será a minha também. Tenho, assim, experiências de vida cada vez mais gratificantes e realizadoras. Partilhando felicidade, descubro a fórmula mágica de saboreá-la também.

Torno-me, assim, decididamente, uma pessoa feliz.

Um homem, uma mulher, um jovem, uma criança que escolheram criar, aqui mesmo na Terra, o céu por antecipação. E isso é muito bom!

Escolha experimentá-lo!

13. Mundo real *versus* mundo virtual

O mundo que chamamos de "real" – nosso mundo – é na verdade uma interpretação nossa. É o "nosso" mundo real, uma vez que é ele que materializamos a partir de nossas ideias, sonhos e ações. É ele que tocamos, sentimos e vivenciamos. Mesmo que ele seja uma "ilusão", é a "ilusão real" com a qual lidamos todos os dias. Nela acontecem nossas escolhas, nossos compromissos de trabalho, nosso empenho em construí-lo cada vez mais habitável e fraterno.

Em contrapartida, existe hoje, cada vez mais forte – e ninguém sabe onde isso vai parar –, o mundo "virtual", alimentado pela internet e por todos os meios modernos de comunicação. O paradoxo que se apresenta – sem que a maioria o perceba, principalmente adolescentes e jovens – é que o mundo virtual acaba se transformando no mundo real dessas pessoas. Confunde-se a cabeça dos internautas e dos aficionados por *games* e jogos virtuais a tal ponto que invertem, inconscientemente, a realidade.

Sem tirar o valor ou questionar o mérito da moderna tecnologia, pensemos um pouco na problemática que tudo isso suscita.

Amigos virtuais são de fato "amigos"? Onde estão eles nas horas em que a solidão bate? Estão "do outro lado da linha", distantes demais para ser aquele "ombro amigo" de que tanto se necessita numa hora dessas.

– A alienação – de horas de sono dispensadas ao celular – até que ponto favorece ou atrapalha os estudos ou as atividades profissionais do dia a dia?

– Muito pouco se conversa atualmente em família. Cada qual entretido com seu WhatsApp, verificando seus *likes* e seguidores – hoje é possível "comprá-los"... –, e os assuntos familiares ficam sempre mais relegados a segundo plano.

Como tudo na vida – frisamos isso constantemente ao longo destas páginas –, *também isso é uma questão de escolha*. É no mundo chamado "real" que você se veste, alimenta, estuda e trabalha. É nele que experimenta alegria e tristeza, dor ou conforto, nem que tenham sido produzidos pelo próprio mundo "virtual".

Enquanto a tecnologia nos favorece, é ótima! Quando diante dela nos prostramos, servindo-a, é péssima!

Você pode, é claro, discordar desta minha opinião.

A escolha sempre é sua. As consequências também. Sinta-se livre em suas opções. É a dádiva que Deus lhe deu.

14. Deus permite, não obriga

Vamos aprofundar mais alguns pontos a respeito de livre-arbítrio e escolhas. Elas somente podem existir num panorama assim. Todo pano de fundo é *a liberdade que Deus nos dá para criarmos nossa própria rota*. Nossas decisões, por assim dizer, acabam sendo as decisões de Deus. Não há, da parte dele, oposição ao que escolhermos. Deus não nos obriga a nada. *Permite-nos* aceitar ou negar sua própria existência, seguir suas sinalizações ao longo de nossa estrada, ou simplesmente desconhecê-las.

Em seu amor incondicional por nós, não se ofende nem se magoa com nossas atitudes, como nós certamente o faríamos em relação ao próximo, ou ao próprio Deus, por entendermos que ele tenha sido injusto conosco.

E os mandamentos de Deus?

– São indicações para viver melhor.

– São convites, compromissos com a vida que podemos, ou não, assumir.

Reflita comigo: se os mandamentos fossem "obrigações", sob ameaças ou castigos, nossa liberdade de filhos de Deus não teria sentido nenhum. Seria como dar com uma mão e tirar com a outra. Isso não condiz com Deus. Ao contrário, todas as oportunidades de viver melhor estão a nossa disposição. Nossas escolhas dirão o que vamos colher, a espécie de fruto que vamos saborear.

A mesa do universo é farta e Deus a prepara constantemente para nós. Certifique-se disso, amigo, lendo e meditando o salmo 23, do Bom Pastor. Ele é a personificação da bondade e do cuidado de Deus nos guiando, se aceitarmos que nos conduza.

Deus *permite* nossas revoltas e não julga as insatisfações que manifestamos ao não compreender ou acatar seus desvelos de Pai. Ele sabe que um dia todo filho pródigo retorna à casa paterna. Pacientemente aguarda. Vem o dia em que sentimos o peso de nossas próprias escolhas sobre nossos ombros. Arrependidos, decidimos regressar. O abraço do Pai nos espera, sem xingamentos nem cobranças. *Escolhemos voltar*. E nosso retorno alegra o coração paterno, a ponto de merecermos uma festa (cf. Lc 15,11-32).

Assim é Deus: Pai, amigo, acolhedor.

Hoje você pode escolher aproximar-se um pouco mais dele. Ou, *reaproximar-se*, como alguém que retorna.

Amor verdadeiro não obriga.

Se você decidir amar livremente, pode vir: Deus o aguarda para o abraço.

15. Os medos que nos paralisam

O amor e o medo são energias que nascem conosco. São também as polaridades mais fortes e abrangentes de todas. Perpassam nossa vida terrena do início ao fim da jornada. Tudo que o medo encerra, opõe-se ao amor.

– Se o medo nos paralisa, o amor nos move.

– Se o medo nos encolhe, o amor nos expande.

– Se o medo nos entristece, o amor nos alegra.

– Se o medo nos prende, o amor nos liberta.

– Se o medo nos desanima, o amor nos incentiva.

Tudo que você possa imaginar em termos de progresso humano, financeiro, espiritual, deve-se aos impulsos do amor.

Contudo, ainda que o medo cumpra sua função de prudência, cuidado, zelo, proteção – seu lado positivo –, todos os demais medos, que desde criança nos ensinaram, amarram-nos em nossa caminhada.

Seu poder negativo é tão grande que crianças desinibidas e livres – como todas costumam ser – acabam tornando-se tímidas e retraídas, vendo perigos e ameaças em tudo que as rodeia.

Os condicionamentos sofridos são os mais diversos e abrangentes possíveis. Alguns influem diretamente na personalidade da criança, na autoimagem que ela faz de si, nas capacidades que poderia desenvolver, não fosse o medo dos pais a incutir-lhe que "é impossível" e que "ela não é nem tão inteligente o suficiente para alcançá-lo". Desanimam-se, assim, futuros gênios, impede-se a realização dos mais lindos sonhos. "Você não! Isso é demais para suas pretensões!" E tudo desmorona, porque os pais assim profetizaram.

E o que dizer das crenças religiosas condicionantes a respeito de Deus, da Igreja, de todos os pecados que uma criança nem poderia ainda cometer em sua inocência infantil? Um Deus severo, punitivo, que é preciso temer... Crescemos com todos os tipos de medos imagináveis, uns mais terríveis que os outros. A maioria absoluta deles é *prejudicial à saúde da alma e da mente.* Registros que o inconsciente arquiva, utilizando-os para, dia e noite, amedrontar-nos.

É urgente posicionar-nos diante de tantas amarras e grilhões. É urgente rompê-los para festejar a liberdade de "ir e vir", tornar-nos *quem escolhermos ser*, realizando nosso imenso potencial que nos disseram "não ser tanto assim"... Decidamos criar *novas crenças*, fortalecedoras e motivacionais, que nos impulsionem a alcançar nossas metas e realizar nossos mais sonhados objetivos.

Toda escolha, porém, é um risco. E nem sempre estamos dispostos a arriscar. O "já conhecido" é mais cômodo e seguro, diz-nos a voz da prudência. Escolher implica perda, exige renúncia de algo que nos é familiar em favor do que nos é desconhecido. E o medo nos sugere cautela. Pode ser perigoso, pode não dar certo, pode redundar em fracasso... Sem a coragem de arriscar, ficamos paralisados.

Permaneçam, no entanto, os *medos necessários* à conservação de nossa vida e à do próximo. Aqueles que nos desafiam a que os superemos, decididamente. Aqueles que nos dão a dose exata de adrenalina para vencer os obstáculos diários da vida: que esses permaneçam! Os demais, que sejam todos ressignificados, reprogramados e mantidos sob nosso controle. De hoje em diante, escolhamos que seja assim. Nossa fé em nós mesmos se transformará, então, em coragem e libertação. E o amor nos tornará cada vez mais livres, dispostos a viver melhor.

16. Força de vontade em persistir

Nossas escolhas – principalmente as mais recentes – precisam de um reforço diário: *a força de vontade em nelas persistir*, em mantê-las renovadas, sempre de novo decidindo manter viva a imagem grandiosa de quem desejamos ser. Somos filhos da Luz e nossa luz precisa brilhar. Há muitas trevas a serem debeladas e muitos corações aflitos a serem iluminados.

Antigas opções, arraigadas em nós por muitos anos, tornaram-se fortes, criando raízes profundas em nossa mente. Hábitos não se mudam em poucos dias. Mudam-se, porém! Substituem-se por novos, mais saudáveis e benéficos. Exige-se, no entanto, constância e tenacidade. O que está arraigado não cede tão fácil! Cede, porém! Tudo é possível com decisões inabaláveis e renovadas, capazes de nos manter nas escolhas audaciosas que fizemos. Afinal, merecemos ser diferentes, luzeiros em meio às trevas do desânimo e da descrença.

Automotivação diária, opção que parte do nosso íntimo, porque assim queremos que seja. *Nós mesmos* nos motivamos para a vida. Ninguém poderia fazê-lo em nosso lugar. Poderia, sim, *incentivar-nos* para dias melhores, para alegrias gloriosas, para um sucesso mais constante. Nada mais. *Motivar-se* é restrito a cada um: é tarefa que você e eu, individualmente, temos que assumir.

Isso também é uma escolha, uma *grande* escolha. Escolhemos viver motivados, em estado de espírito alegre, animado e vencedor. E assim agimos, fazendo com que a vida se torne uma gostosa aventura, ainda que haja alguns percalços na travessia e tropeços na caminhada. Nada que não seja superável, nada que nos tire o encanto da jornada.

Outro fator importante é a *atenção redobrada* em manter-nos atentos às armadilhas da mente. Nosso inconsciente não gosta de mudanças. Seguir o mesmo trilho, repetir as mesmas atitudes, conformar-se com o mesmo mau humor de sempre... isso é próprio do inconsciente. *A única certeza, no entanto, é a impermanência.* Tudo muda e continuará mudando. Assim é a *vida*: permanente renovação, eterna evolução. Nossa alma sabe disso. Nosso consciente precisa lembrar-se diariamente desta verdade e *escolher mudar.* E insistir, insistir e mais uma vez insistir, até que o inconsciente o registre, aceite e acredite que é assim. E assim o fará, facilitando nossa vida.

Nós somos nossas escolhas: mais uma vez o repetimos. Consciente e inconsciente precisam estar em sintonia, em perfeita unidade de objetivos. Será, então, um caminho de realizações, de vitórias e bem-estar que tornará nossa vida mais feliz, muito mais gratificante.

Este é nosso desafio.

Vamos persistir nele?

17. A vigilância da mente

Desejo continuar refletindo um pouco mais sobre os enigmas da mente. Manifestação da alma, energia poderosa a influenciar diretamente nosso cérebro, trabalhando em íntima união com ele, a mente é ao mesmo tempo maravilhosa e paradoxal. Ela, em verdade, é "duas": consciente e inconsciente. O que pensa, reflete, escolhe... e o que tudo registra – desde o útero materno – e executa de acordo com os arquivos gravados.

Quanto mais conhecermos os meandros da mente, mais facilmente transitaremos por seus labirintos. Atenção especial ao inconsciente: é ele quem cria a absoluta maioria de nossos pensamentos, nos entretém com fantasias e imaginações mirabolantes para quebrar nosso tédio existencial, que sem isso se tornaria muitas vezes insuportável. É ele também que inventa nossos medos, nossas paranoias, nossas ansiedades e pânicos, sem refletir sobre as tristes consequências que produzem em nós.

É aqui que entra a *vigilância* e a intervenção da mente consciente. Ela sabe o que é melhor para nós. É preciso apenas escolhê-lo e gravá-lo no inconsciente pela repetição constante da escolha feita. O consciente programa, o inconsciente grava e executa. Não é "culpa" dele se os seus arquivos estiverem repletos de medos e negativismos. Sua função é registrar, *automaticamente*, tudo que pensamos, falamos, sentimos, ouvimos, mesmo que estejamos dormindo. Essa é a nossa *memória existencial*. É desse conteúdo que o inconsciente se utiliza para produzir pensamentos automáticos que podem tanto distrair-nos como atrapalhar-nos em nossas decisões.

Nossa força de vontade está na vigilância. É a única ferramenta eficaz de que dispomos para impedir o livre percurso de pensamentos que em nada servem a nosso propósito maior. Bloqueio rápido, refutando as sugestões negativas que nos amedrontam e paralisam, substituindo-as por pensamentos proativos e eficazes que, além de duvidar do negativismo proposto, determinem nova escolha, firme e lúcida, afirmando o contrário de tudo que foi sugerido.

Este é o caminho da mudança. A maneira terapêutica mais sólida para superar medos, curar depressões e criar um estado emocional de saúde para a mente e o corpo. Aprende-se treinando, e mais uma vez *treinando*. Conhecer nosso "inimigo oculto" e agir, criando diariamente novas atitudes. É a *terapia cognitiva comportamental* a seu dispor, como autoconhecimento e aplicação prática, sob a orientação de profissionais da área. Valha-se disso, amigo, sempre que for preciso, para você mesmo ou algum familiar que necessite.

E viva feliz, saudável, *vigilante.*

18. Aprendendo a amar-se mais

Entre as muitas escolhas importantes que fazemos ao longo da vida, a escolha de *amar-se cada vez mais* é extremamente necessária. Uma das crenças que nos ensinaram desde a infância é "amar o próximo". Esqueceram-se, porém, de ensinar-nos a segunda parte da recomendação de Jesus: "como a si mesmo". Se nos amamos pouco, pouco também amaremos o próximo. Não se dá o que não se tem. A fonte somos nós. Se nela não há água, de onde a tiraremos? Se não cultivarmos nossa *autoimagem* para ver-nos com bons olhos, como pessoas de valor, e, consequentemente, não criarmos uma boa *autoestima*, como veremos tudo isso nos outros?

Há quem diga que a *preferência no amor* realmente deve ser para nós. Amar-nos primeiro e só depois amar o próximo, na medida em que nos amamos. Isso pode soar aos nossos ouvidos como "inversão de valores". Uma voz em nosso íntimo dirá que "não foi isso que você aprendeu"... E o conflito se instala em nossa mente, condicionada por inúmeras crenças, nem sempre tão verdadeiras. Mais uma vez, *agora*, você é convidado a fazer sua escolha: seu coração lhe dirá que opção tomar. Com o tempo você terá a oportunidade de ratificar suas opções ou fazer outras. Essa é sua liberdade e seu crescimento: valorize essa dádiva divina, realizando assim a criação de si mesmo.

Como aprendizes da vida, amar-se mais é uma escolha diária. Acima de tudo, é um treino constante da mente e do coração. A tendência da mente – assim programada pelos outros – é pensar primeiramente no próximo. Nosso coração talvez nos lembre de que olhemos com mais amor para nós, para lembrar-nos de *quem somos* e qual é nosso propósito de vida: *quem escolhemos ser*.

De qualquer maneira é muito importante cuidar primeiro de si, não só no cultivo da autoestima como também da saúde integral que uma vida feliz exige.

– *Tempo para o espírito:* fé, oração, encontro com Deus, tudo que eleva nossa alma e a faz *relembrar* quem ela é, de onde veio e para onde um dia voltará.

– *Tempo para a mente:* leituras instrutivas e motivacionais; aprendizados científicos sobre as leis do universo e da mente; encontros de reflexão e questionamento sobre os mistérios da mente.

– *Tempo para o corpo:* alimentação saudável, exercícios físicos, caminhadas, atenção especial a sintomas de doença que o corpo possa apresentar, a fim de retomar em tempo a saúde... Além disso, horas de sono reconfortantes de acordo com as exigências de sua idade; valorização do trabalho, descanso e lazer, como um conjunto integrado de máxima importância.

Tudo isso é amor. Suas dimensões são amplas, profundas e abrangentes. A partir de você, estendem-se ao bem dos outros. Só o amor entende que somos UM. E o que a mim eu faço, faço-o também ao próximo. E o que faço ao próximo – de bem ou de mal –, é a mim mesmo que o faço.

Crendo na *unicidade*, todas as escolhas adquirem um sentido novo. O amor que eu me dedico, estendo ao outro. Não há mais separação. *Tudo é uma vida só*, individualizada em cada um, sob as mais diversas e incríveis formas.

Amando-nos, amamos os outros. Amando os outros, amamos a nós mesmos. E, assim, amamos a Deus, que é UM conosco.

19. Escolhas e relacionamentos

Nossa vida é uma trama de escolhas. Em cada momento, em cada situação, em cada nova oportunidade é preciso escolher. "Não escolher" é também uma escolha... De alguma forma, todas elas se entrelaçam. É uma "teia de aranha" de milhares de fios formando uma teia só: a *vida*.

Escolhas abrangem tudo: estudos a realizar, profissão a seguir, relacionamentos a estabelecer, cidade ou país onde morar, permanecer solteiro ou casar, ter filhos ou não, viver na simplicidade de coração ou "batalhar" para ser rico.

Quero deter-me aqui, amigo leitor, para refletir com você a respeito de *relacionamentos afetivos*: "coisas do coração". Fazem parte importante – para não dizer fundamental – da vida da maioria das pessoas. Também são escolhas. E não há "coincidências" nem "acasos" nos encontros que os iniciam. A "lei da atração" se encarrega de aproximar as pessoas. Há muito mais "oculto" em nossos encontros de amor do que podemos imaginar. Um significado – inicialmente desconhecido – perpassa todo acontecimento. Começamos a "cativar-nos" e, de repente, explode a paixão, uma química tão forte que sacode o corpo, a mente e a alma. Escolhemo-nos mutuamente (se a essa altura ainda a paixão permite escolher...).

Quem é ou já foi casado conhece a sequência. Há somente um desejo: ficar juntos. E, então, *casa-se*. Das mais diversas maneiras que for: com papel assinado ou não, tendo ou não condições psicológicas ou financeiras para apoiar nossa escolha... É o amor que invadiu nossa vida, quer sejamos ou não inconsequentes em nossa opção, *casamos*. Sonhamos juntos nossos sonhos, traçamos objetivos... e lá vai "o barco do amor a navegar" por mares dantes desconhecidos. Nada nos impede. Nada nos assusta. Nada nos amedronta: a paixão nos torna fortes, invencíveis.

Chama-se "paixão" a antessala do amor. Depois de introduzir-nos na casa, no dia a dia da vida a dois, devagarinho ela se retira – sem a gente perceber –, deixando seu lugar ao amor. E, mais uma vez, é preciso escolher. Dessa vez, para firmar o amor, para dar-lhe sustentação através de todos os ingredientes que um amor humano precisa, por mais bonito e encantador que ele seja.

E o casal vai "descobrindo" o que sua alma já sabia. O coração talvez não, mas ele aprende os segredos da alma e vai se moldando de acordo com as escolhas diárias que o casal realiza.

E a compreensão, a bondade, a tolerância, a paciência, o perdão, o diálogo, a qualificação do outro, a aceitação da individualidade própria de cada um, com suas necessárias diferenças, tudo se torna um grande aprendizado, uma lição constante do que é bom ou ruim para o amor dos dois.

– Estão felizes juntos? Sentem-se realizados?

– Há desgostos, contratempos, tropeços e imprevistos?

– Há conflitos íntimos sobre a escolha feita, se foi ou não a melhor entre tantas possíveis?

– Há descontentamentos secretos ou manifestos a amargar o "doce amor" com o qual tanto haviam sonhado?

— Enfim, em que "águas" o barco do amor está navegando: tranquilas ou revoltas? Há prenúncio de temporais ou tempo bom à vista?

Novamente as escolhas se impõem. Continuar assim ou repensar o amor? Reavivar a beleza dos primeiros tempos e apostar na superação ou tomar cada um seu rumo, mesmo sem saber qual rumo será?

O amor quer liberdade. Ama-se porque livremente se ama, ou não podemos chamá-lo de amor. Pouco adianta iludir-se: vocês podem, sim, *escolher* amar-se mais, amar-se de novo, como já o haviam feito. Seria esta a melhor solução?

Consultem seu coração e lembrem-se: são *vocês — e unicamente vocês —* que o decidem. Em todo caso, escolham ser felizes, da melhor e mais sensata maneira que puderem. O caminho a tomar é mais uma escolha sua. Queira Deus que acertem!

20. Crescendo sempre

Ao longo destas páginas você pôde perceber com clareza que a vida é uma permanente escolha. Consciente ou inconscientemente, em tudo você acaba escolhendo. O bom disso é que você tem a oportunidade de fazer novas e positivas escolhas, aperfeiçoando-se assim cada vez mais. Torna-se um ser humano melhor, contagiando com suas boas energias a todos que o rodeiam. Sua luz brilha em meio a um mundo necessitado de ajuda, tateando cegamente em busca de felicidade.

Tornar-se uma pessoa melhor é sua grandiosa escolha para viver de forma iluminada e cativante. Uma esposa, mãe, doméstica, empresária, doutora, jornalista *melhor*, mais comprometida e feliz. Um marido dedicado, um pai presente, um bom profissional, um cidadão proativo... qualidades que o deixam realizado em ser quem é e escolhendo *ser melhor ainda*, para aperfeiçoar-se continuamente.

Um crescimento assim, diariamente renovado, leva inevitavelmente a uma consciência espiritual maior. É o ser humano como um *todo* crescendo. Homem e mulher, parceiros de caminhada, transformando-se em seres espirituais em ascensão. Cada qual cumprindo seu propósito de vida e a missão que Deus lhe reservou. Como seres dotados de livre-arbítrio, as escolhas que fazemos podem tanto afastar-nos do caminho do bem quanto integrar-nos sempre mais na realização de nosso propósito maior: *servir ao plano de Deus*, aproximando-nos cada vez mais da perfeição. Aliás, é este o audacioso desafio proposto pelo Cristo: "Sede perfeitos como vosso Pai celeste é perfeito" (Mt 5,48).

Como seres em constante transformação, a *mudança* é nossa grande certeza. *viver é mudar*. O que não muda mais, estagna. E o que estagna, morre. Só a morte – como nós a entendemos – não muda. Apesar de no "mundo de Deus, no Absoluto", não haver morte, *aqui* é o jeito que a vida inventou para voltarmos um dia à Casa do Pai: nosso retorno ao Lar. Tudo mais que se diga a respeito de "morte" são crenças e medos diante do inexplicável e misterioso para nós.

Nossa alma é *vida*, centelha de Deus, e é por isso que não morremos, apesar das experiências humanas em contrário.

Apesar dos pesares, bela aventura humana!

A maior delas ainda nos aguarda.

É crer e esperar, seguindo em frente.

Um dia chegaremos!

21. Assim na terra como no céu

Grande parte dos seres humanos conhece e reza a mais bela e completa oração que existe: o "Pai-Nosso". Ensinada pelo próprio Jesus, o final de sua primeira parte termina exatamente com as mesmas palavras acima: "assim na terra como no céu".

Que a vontade de Deus seja feita, tanto entre nós como no reino dos céus. "Entre nós" e "por nós", criando uma profunda comunhão entre as *duas realidades* – terra e céu –, que, na verdade, são *uma*.

– E qual seria a "vontade de Deus"?

De que todos, livremente, o amassem?

De que todos fossem felizes?

De que todos se sentissem filhos de Deus?

De que todos lembrassem diariamente sua grandeza e escolhessem glorificá-la ainda mais?

– E se a vontade de Deus fosse a nossa e a nossa fosse a dele? Que extraordinária sintonia viveríamos, então! Que *unicidade* maravilhosa e eterna, em que cada um escolhe viver o *amor* em sua plenitude! Que utopia grandiosa de ser realizada! Que incrível *felicidade* para nosso coração e o coração de Deus! Enfim, *um só*, unidos eternamente numa *vida* plena, gratificante e infinita. Deus e nós, nós e Deus: "assim na terra como no céu".

Bela realidade! Porque assim o Pai o deseja. Porque assim o Cristo, com sua morte e ressurreição, nos validou o acesso. Porque assim o Espírito Santo nos motiva para escolher definitivamente o caminho do retorno. Sim, temos saudade *dele*... O retorno será feliz, muito feliz!

Enquanto isso, vivamos nossa experiência humana da melhor maneira. Ainda somos humanos: peregrinos no planeta Terra. De passagem, mas *ainda aqui*. Com os pés no chão – na realidade nossa da vida – e a cabeça, o coração e a alma aspirando à outra dimensão.

Podemos agora *escolher* acreditar ou não nas verdades propostas. "Verdades" para o crente, não necessariamente para quem escolher ignorá-las com sua indiferença, ou negá-las com seu ceticismo.

E qual seria a vontade de Deus em seu coração de Pai? Que todos os filhos – sem exceção alguma – retornassem ao Lar? Que todos se sentissem dignos, amados e redimidos pelo Cristo em escolher livremente aceitar o desejo de Deus, de sermos UM com *ele*?

"Assim na terra como no céu" tenha um final feliz, junto de Deus. Como em todos os sonhos dos homens, aconteça o que mais se deseja: *que todos sejam felizes*. Dessa vez, *felizes para sempre*.

Rua Dona Inácia Uchoa, 62
04110-020 – São Paulo – SP (Brasil)
Tel.: (11) 2125-3500
http://www.paulinas.com.br – editora@paulinas.com.br
Telemarketing e SAC: 0800-7010081